LA GLOIRE DE LA FRANCE

N° 7 — Prix : 1 fr. 50

ÉMILE-PAUL, Libraire
100, RUE DU FAUBOURG-SAINT-HONORÉ, PARIS

LA GLOIRE DE LA FRANCE

N° 7 — Prix : 1 fr. 50

ÉMILE-PAUL, Libraire
100, RUE DU FAUBOURG-SAINT-HONORÉ, PARIS

PARIS PENDANT LA GUERRE

C'en est, je l'espère, à tout jamais fini de ces airs entendus, de ces mines sceptiques par où certaines gens, peu portées à descendre jusqu'au fond des choses, croyaient faire preuve d'esprit parisien en jugeant Paris avec légèreté. Mais que dis-je? Ce furent trop souvent les bons esprits qui tinrent de ces mauvais propos.

« Paris est-il donc une ville de guerre? se demande Rivarol; n'est-ce pas au contraire une ville de luxe et de plaisir? Rendez-vous de la France et de l'Europe, Paris n'est la patrie de personne, et on ne peut que rire d'un homme qui se dit citoyen de Paris. Cette capitale n'est qu'un vaste spectacle qui doit être ouvert en tout temps : ce n'est point la liberté qu'il lui faut, cet aliment des républiques est trop indigeste pour de frêles Sybarites; c'est la sûreté qu'elle exige, et si une armée la menace, elle doit être désertée en deux jours. »

Que voilà aujourd'hui de belles contre-vérités!

On saura désormais, puisqu'il paraît qu'on l'avait oublié, que Paris est ville de guerre. Lorsque le général Galliéni, nous interpellant pour nous adresser quatre paroles, nous appela : Habitants de Paris, ils ne pensèrent point à rire, ô Rivarol, les très authentiques citoyens de la Grand'Ville, et dans ces heures d'angoisse où ils avaient à craindre que le revers de nos armes ne les fît pour un temps séparés du reste de la France, ce n'était point la sûreté, mais c'était le péril de leur Ville qui faisait d'elle une patrie ardemment aimée!

Que si Paris n'était qu'un merveilleux hochet, la redoute des plaisirs, le boulevard des élégances, l'objet de luxe du monde, il ne se garderait, depuis si longtemps, des abîmes où descendent peu à peu les peuples lâches et les villes paresseuses. Mais la vérité est que Paris est une capitale séculaire, consciente et forte de sa longue primauté, grande pour avoir lentement formé son cœur et sa raison, grande pour avoir enseigné l'univers, grande pour avoir, vingt fois dans l'histoire, risqué cette sécurité-là qui lui est moins nécessaire que l'honneur, toujours prête, pour demeurer libre, à sacrifier la vie de ses fils et l'intégrité de ses monuments, souverainement insaisissable en son fond le plus intime, c'est-à-dire indépendante, c'est-à-dire courageuse autant qu'elle est spontanée. Le passant de Paris est le plus rapide, le gamin de Paris est le plus débrouillé, l'ouvrier de Paris est le plus habile, l'écrivain de Paris est le plus subtil et, disons-le hardiment, la famille de Paris est la plus morale. Comme ces beaux êtres favorisés par la naissance qui tirent de leur naturel une supériorité, Paris s'élève en tout à un degré de plus, étant capitale, et je ne veux pas seulement dire capitale du plus beau des pays qui tiennent sous l'espace des cieux, mais capitale surtout d'une grande patrie qui, du fond des siècles passés jusqu'aux plus lointains horizons de l'avenir, se déploie dans l'étendue des temps et qui se nomme l'Occident, à moins qu'on ne l'appelle désormais la civilisation.

Il est donc, et depuis bien longtemps, naturel aux Parisiens d'agir, quand l'heure est capitale, en habitants d'une capitale. Par la vertu du lieu qui les fit hommes, en toute circonstance, ils se trouvent tout de suite au fait, et que ce soit au travail, au plaisir ou au danger, toujours à leur aise. Quand les troupes de von Klück approchaient, ces aimables gens s'en allaient après déjeuner contempler en badauds des palissades et des chevaux de frise à la porte du Bois. Mais pour si attachés qu'on les connût aux perspectives et aux monuments de leur Ville, il n'en était pas un seul qui, déjà, les dents serrées, ne comptât bien que la défense allait être poussée jusqu'à la guerre de rue. J'atteste, au cours de cette semaine tragique, n'avoir ni dans une lettre, ni dans un renseignement recueilli, ni dans une démarche, ni dans un regard, aperçu la détresse d'un cœur faiblissant. Pourtant vous n'entendîtes nulle part un éclat de voix. Depuis ce dur tournant de notre histoire, quatre années ont passé : les Parisiens, au cours d'une épreuve si longue pour la vivacité de leur tempérament, n'ont pas un instant failli à ce respect d'eux-mêmes qui écarte toujours le geste vain et la note discordante, et lorsque d'un jour à l'autre, souillant le ciel de Paris, les gothas viennent nous tuer des femmes et des enfants et lancer des bombes sur nos hôpitaux, il peut être chaque fois constaté que ces foules si nombreuses, composées de tous les braves gens du voisinage qui se pressent au passage des cercueils, demeurent admirablement calmes, connaissant l'inutilité de toute indignation. Dans le temps que les Boches pensent l'avoir rempli de terreur, le peuple de Paris, en se dispersant, n'a qu'un mot sur les lèvres : « Les imbéciles! »

Paris est ville de guerre, ville surtout de cette guerre-ci qui, dans la longueur de l'effort, réclame l'équilibre de l'esprit. Cela, par conséquent, ne veut pas dire que les Parisiens sont des Lamachos fourbissant leurs armes, ni qu'on les a vus se former en bataillons et courir bruyamment par la Ville comme faisaient les vieillards acharniens. Mais cela signifie qu'ayant toujours été emportés par la passion de comprendre, ils comprennent, nuance par nuance et jour par jour, la gravité de cette affaire; cela signifie qu'un tact merveilleux les maintient à la hauteur morale qu'exige depuis quatre ans le devoir quotidien; et cela signifie encore qu'emportés tout à coup jusqu'au sommet le plus ardu de l'histoire, ces aristocrates savent regarder l'abîme sans avoir le vertige.

ADRIEN MITHOUARD
Président du Conseil municipal de Paris.

PARIS IN WARTIME **PARIS PENDANT LA GUERRE** ПАРИЖЪ ВЪ ВОЕННОЕ ВРЕМЯ
PARIS UNDER KRIGEN   PARYS GEDURENDE DEN OORLOG   PARIS I KRIGSTID   PARIS WÄHREND DES KRIEGES

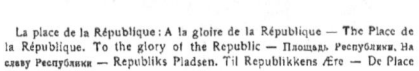

La place de la République : A la gloire de la République — The Place de la République. To the glory of the Republic — Площадь Республики. На славу Республики — Republiks Pladsen. Til Republikkens Ære — De Place de la République. Aan den roem der Republiek — « Place de la République ». Till Republikens ära — Die « Place de la République ». Zum Ruhm der Republik.

THE BANKS OF THE SEINE **LES BORDS DE LA SEINE** ВЕРЕГА СЭНЫ
SEINEBREDENE   DE OEVERS DER SEINE   SEINESTRÄNDERNA   DIE SEINE-UFER

1. Le pont Royal et le Louvre — The Pont Royal and the Louvre — Королевскій мостъ и Лувръ — « Pont Royal » og Louvre — De Pont Royal en het Louvre — « Pont-Royal » och Louvern — Der « Pont Royal » und der « Louvre ». — **2.** Le pont des Arts et l'Institut — The Pont des Arts and the Institut — „Мостъ искусствъ" и „Институтъ Франціи" — « Pont des Arts » og det franske Akademi — De Pont des Arts en het Institut — « Pont des Arts » och franska Akademien — Der « Pont des Arts » und das « Institut ». — **3.** La Conciergerie et le Palais de Justice — The Conciergerie and the Palais de Justice (Law Courts) — «Ла Консіэржери и Окружной Судъ» — « Conciergerie » og Justitspaladset — De Conciergerie en het Palais van Justicie — « Conciergerie » och « Palais de Justice » (Rådhuset) — Die « Conciergerie » und der Justizpalast.

PARIS PARKER / THE PARIS GARDENS / DE PARYSCHE TUINEN / **LES JARDINS PARISIENS** / PARISER PARKER / ПАРИЖСКІЕ САДЫ / DIE PARISER GARTENANLAGEN

1. Les Tuileries — The Tuileries — „Ле Тюллери" — Tuilerihaven — De Tuilerieën — Tuilerieträdgården — Die « Tuileries ». — 2. Les Champs-Elysées — The Champs-Elysées — Ле Шанз Элизэ (Элисейскія Поля) — Champs-Elysées — De Champs-Elysées — Champs-Elysées — Die « Champs-Elysées ». — 3. Le Luxembourg — The Luxembourg — Люксенбургъ — Luxembourghaven — Het Luxembourg — Luxembourg-parken — Der « Luxembourg » - Palast.

PATRIOTIC CEREMONIES   **LES CÉRÉMONIES PATRIOTIQUES**   ПАТРІОТИЧЕСКІЯ ТОРЖЕСТВА
PATRIOTISKE CEREMONIER   PATRIOTISCHE PLECHTIGHEDEN   PATRIOTISKA HÖGTIDLIGHETER   DIE PATRIOTISCHEN FEIERN

1. Une revue place de la Concorde — A Review in the Place de la Concorde — На площади Конкордъ (Согласія). Производятъ смотръ войскамъ — En revu paa Concordepladsen — Een wapenschouwing op de Place de la Concorde — Parad på Concordeplatsen — Eine Truppenschau auf der « Place de la Concorde ». — 2. Défilé de troupes place de l'Opéra — Troops marching through the Place de l'Opéra — Войска проходятъ по площади Оперы — Tropperne defilerer paa Operapladsen — Troepen-defilee op de Place de l'Opéra — Trupperna tåga på Place de l'Opéra — Truppenvorbeimarsch auf der « Place de l'Opéra ».

PARIS HONOURS HER LATE DEFENDER **PARIS HONORE SON DÉFENSEUR** ПАРИЖЪ УДОСТАИВАЕТЪ СВОЕГО ЗАЩИТНИКА
PARIS GÖR ÆRE AF SIN FORSVARER PARYS BRENGT HULDE AAN ZYN VERDEDIGER PARIS HYLLAR SIN FÖRSVARARE PARIS EHRT SEINEN BESCHÜTZER

Les funérailles du général Galliéni place de l'Hôtel-de-Ville — General Galliéni's funeral in the Place de l'Hôtel-de-Ville — Похоронное шествіе генерала Галліэни на площади Городской Думы — General Galienis Begravelse paa Raadhuspladsen — De lykstaatsie van Generaal Galliéni Place de l'Hôtel-de-Ville — General Gallienis begrafning tågar på place de l'Hôtel-de-Ville — Die Leichenfeier für den General Galliéni auf dem Platz vor dem Stadthaus.

PATRIOTIC CEREMONIES   CÉRÉMONIES PATRIOTIQUES   ПАТРIОТИЧЕСКIЯ ТОРЖЕСТВА
PATRIOTISKE CEREMONIER   PATRIOTISCHE PLECHTIGHEDEN   PATRIOTISKA HÖGTIDLIGHETER   PATRIOTISCHE FEIERN

1. Manifestation à la statue de Jeanne d'Arc — Demonstration before Joan of Arc's statue — Патрiотическая манифестацiя у статуи Iоанны д'Аркъ — Manifestation ved Jeanne d'Arc Statuen — Betooging voor het standbeeld van Jeanne d'Arc — Demonstration vid Jeanne d'Arcs staty — Kundgebung var der Statue der Jeanne d'Arc. — **2.** Manifestation à la statue de Strasbourg — Demonstration before the statue of Strasbourg — Патрiотическая манифестацiя у статуи гор. Страсбурга — Manifestation ved Strasbourg statuen — Betooging voor het beeld der stad Straatsburg — Demonstration vid Strassbourg statyn — Kundgebung vor der Statue der Stadt Strassburg. — **3.** La foule acclame le maréchal Joffre — The crowd acclaiming marshal Joffre — Толпа радостно привѣтствуетъ маршала Жоффра — Folket hylder marskal Joffre — De menigte juicht Maarschalk Joffre toe — Folket hyllar marskalk Joffre — Begeisterte Zurufe der Menge an Joffre.

AT THE INVALIDES — AUX INVALIDES — ВЪ „ИНВАЛИДАХЪ"
I INVALIDEHOTELLET — IN HET HOTEL DES INVALIDES — PÅ INVALIDERNA — IM INVALIDENDOM

1. Les drapeaux allemands capturés depuis le début de la campagne exposés dans la chapelle des Invalides — The German flags captured since the beginning of the war hang in the Invalides Chapel — Въ часовнѣ Инвалидовъ. Германскія знамена захваченныя съ начала войны — Tyske Faner taget siden Krigens Begyndelse udstillet i Invalidekirken — Duitsche vaandels van af het begin van den veldtocht buitgemaakt, in den kapel der Invaliden tentoongesteld — Tyska fanor, tagna sedan Krigets början utställda i Invalide kyrkan — Die seit Beginn des Krieges erbeuteten deutschen Fahnen in der Kapelle des Invalidendomes. —

2-4. Devant les canons capturés — Guns taken from the Enemy — Передъ пушками захваченными у германцевъ — Foran de tagne Kanoner — Voor de veroverde kanonnen — Framför tagna kanoner — Vor den erbeuteten Kanonen. — **3.** Vitrine de trophées au musée de l'Armée — A show case with trophies, in the Musée de l'Armée — Въ Военномъ Музеѣ. — Трофеи — Trofeer udstillet i Armémuséet — Kast met trophceën in het Museum van het Leger — Trofeer utställda i Armémuséet — Siegeszeichen im Heeres-Museum.

THE PARIS EXHIBITIONS — LES EXPOSITIONS PARISIENNES — ПАРИЖСКИЯ ВЫСТАВКИ
PARISISKE UDSTILLINGER — PARYSCHE TENTOONSTELLINGEN — PARISISKA UTSTÄLLNINGAR — DIE PARISER AUSSTELLUNGEN

1. Exposition des Arts de la guerre — The Arts of War Exhibition — Выставка „Искусствъ и Ремеслъ" — Udstilling for Krigskunst — Tentoonstelling van Oorlogs-kunst — Utställning för krigskonst — Kunstausstellung aus dem Kriege. — 2. Exposition des beaux-arts au Petit Palais — The Fine Arts Exhibition at the Petit Palais — Выставка Прекрасныхъ Искусствъ въ Маломъ Дворцѣ — Kunstudstilling i «Petit Palais» — Tentoonstelling van Schoone Kunsten in het Petit Palais — Konstutställning i Petit Palais — Ausstellung der Schönen Künste im Kleinen Palast. — 3. Exposition des photographies de guerre — The war photographs Exhibition — Выставка военныхъ фотографическихъ снимковъ. — Udstilling for Krigsfotografier — Tentoonstelling van Oorlogsfotografieën — Utställning för krigs fotografier — Austellung der Lichtbilderaufnahmen aus dem Kriege. — 4. Exposition des œuvres d'art mutilées — The mutilated Works of Art Exhibition — Выставка произведеній искусствъ поврежденныхъ непріятелемъ — Udstilling af de saaredes kunstarbejder — Tentoonstelling van verminkte Kunstwerken — Utställning för de stympades konstarbeten — Ausstellung der verstümmelten Kunstwerke. — 5. Exposition du Maroc — The Morocco Exhibition — Выставка Марокксмихъ издѣлій — Marokko Udstilling — Tentoonstelling van Marokko — Marocko utställningen — Marokkanische Austellung. — 6. Exposition des jouets — The Toys Exhibition — Выставка Игрушекъ — Legetöjudstilling — Tentoonstelling van Speelgoed — Leksaksutställning — Spielzeug-Ausstellung.

PATRIOTIC CEREMONIES **CÉRÉMONIES PATRIOTIQUES** ПАТРIОТИЧЕСКІЯ ТОРЖЕСТВА
PATRIOTISKE CEREMONIER   PATRIOTISCHE PLEGHTIGHEDEN   PATRIOTISKA HÖGTIDLIGHETER   PATRIOTISCHE FEIERN

1. Devant la tombe de La Fayette — Before La Fayette's tomb — Передъ гробомъ Ла Файэтъ — Foran Lafayettes Grav — By het graf van Lafayette — Framför La Fayettes graf — Vor dem Grabe La Fayette's. — **2.** Fête offerte au Trocadéro aux médaillés militaires — A fête at the Trocadero in honour of the wearers of the Médaille Militaire — Праздникъ устроенный въ Трокадеро въ честь воиновъ награжденныхъ Военной Медалью — De medaljerede militærs Fest i Trocadero — Feest in het Trocadéro aan de dragers der militaire medaille aangeboden — Militärmedaljörema firas på Trocadero — Das Fest zu Ehren der Inhaber der Militärmedaille. — **3.** Le Président de la République honore la mémoire des avocats tombés au champ d'honneur — The President of the Republic commemorates the Barristers fallen in Battle — Президентъ Республики удостаиваетъ память адвокатовъ, павшихъ на Полѣ Славы — Republikkens Præsident hylder Avokaternes Minde, som er faldet paa Æresmarken — De President der Republiek brengt hulde aan de nagedachtenis der Advokaten die op het veld van Eer gevallen zyn — Republikens President hyllar advokaternas minne som fallit på ärans fält — Der Präsident der Republik ehrt das Andenken der auf dem Feld der Ehre gefallenen Advokaten.

THE PARISIENNE IN WARTIME **LA PARISIENNE ET LA GUERRE** ПАРИЖАНКА И ВОЙНА
PARISERINDEN OG KRIGEN   DE PARISIENNE EN DE OORLOG   PARISISKAN OCH KRIGET   DIE PARISERIN IM KRIEG

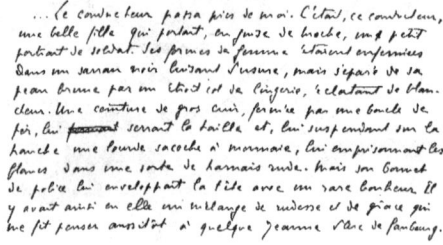

1. Une allumeuse de réverbère — A Woman Lamplighter — Фонарщица — En Lygtetænderske — Een lantaarnopsteekster — En lykttänderska — Eine Gas-Anzünderin. 2. Factrice — A Postwoman — Женщина-почтальон — Kvindeligpostbud — Een brievenbestelster — Brefbärerska — Eine Briefbotin. 3. La lettre du front — A Letter from the Front — Весточка съ фронта — Et Brev fra Fronten — De brief van het front — Ett bref från fronten — Der Brief aus dem Felde. 4. Tourneuse d'obus. (Extrait de l'album de Drian, préface de Paul Géraldy) — A Munitionette

THE PARISIENNE IN WARTIME — LA PARISIENNE ET LA GUERRE — ПАРИЖАНКА И ВОЙНА
PARISERINDEN OG KRIGEN — DE PARISIENNE EN DE OORLOG — PARISISKAN OCH KRIGET — DIE PARISERIN IM KRIEG

(Taken from Drian's Album, preface by Paul Géraldy) — Женщина, работающая при выделке снарядов (рисунок извлеченный из альбома Дріана предисловіе Поль Жеральди) En Granatarbejderske (Efter Drians Album, forord af Paul Géraldy) — Granaten-draaister (Uit het album van Drian, voorrede van Paul Geraldy) — En granatsvarfverska (Ur Drians album, med förord af Paul Geraldy) — Eine Granaten-Dreherin (Bild aus dem Drian'schen Album, Vorwort von Paul Geraldy).

PARIS AND THE ALLIES   PARIS ET LES ALLIÉS   ПАРИЖЪ И СОЮЗНИКИ
PARIS OG DE ALLIEREDE   PARYS EN DE GEALLIEERDEN   PARIS OCH DE ALLIERADE   PARIS UND DIE VERBÜNDETEN

1. Réception des musiques des gardes italienne et anglaise. — The Bands of the Italian and British Guards — Пріемъ Итальянскаго и Великобританскаго гвардейскихъ оркестровъ — Empfang der Kapellen der italienischen und der englischen Garde-Regimenter. — **2.** Le foyer du soldat anglais à Paris — The British Soldiers' Home in Paris — Клубъ англійскаго солдата въ Парижѣ. — Das Heim des englischen Soldaten in Paris. — **3.** La musique de la garde royale anglaise débarque à Paris — The Massed Bands of the British Guards arrive in Paris — Пріѣздъ оркестра Великобританской Королевской Гвардіи въ Парижъ — Ankunft der Kapelle der englischen Königsgarde in Paris. — **4.** Le drapeau des États-Unis est arboré sur l'Hôtel de Ville — The Flag of the United States flown on the Hôtel de Ville — Американскій флагъ развѣвается надъ Парижской Городской Думой — Die Fahne der Vereinigten Staaten wird auf dem Stadthaus zu Paris aufgepflanzt — **5.** Affiche de l'Exposition des Alliés — Афиша объявляющая о „Выставкѣ Союзниковъ„.

GADELIV STREET SCENES **SPECTACLES DE LA RUE** Нѣсколько сценъ на улицахъ Парижа
STRAATTAFEREELEN GATULIF SCHAUBILDER VON DER STRASSE

1. A la porte d'un théâtre — Outside a theatre — При входѣ въ театръ — Theaterport — Aan de deur van een schouwburg — En teaterport — An einem Theater-Eingang. — 2. En attendant l'autobus — Waiting for the motor omnibus — Въ ожиданіи «автобуса» — Under Venten paa autobus — Wachtend op den autobus — Under väntan på « bussen » — Man erwartet das Autobus. — 3. Devant une affiche officielle — Reading an official notice — Передъ официальной афишой — Foran en officiel Plakat — Voor een publiek aanplakbiljet — Framför anslagstaflan — Vor einer amtlichen Bekanntmachung. — 4. Devant la banque : pour souscrire à l'emprunt — Outside a Bank : Subscribing to the war Loan — Передъ банкомъ: Подписка на заемъ — Foran en bank : man tegner til Forsvarslaanet — Voor de bank : inschryvers op de Leening — Framför en bank : man tecknar lånet — Vor der Bank zur Zeichnung der Anleihe.

THE PARIS CHILDREN　　　**LES PETITS PARISIENS**　　　ПАРИЖСКАЯ МОЛОДЕЖЬ
PARISERBÖRN　　　DE KLEINE PARYZENAARS　　　PARISERBARN　　　DIE KLEINEN PARISER

1. Dans une école : manifestation en l'honneur des Etats-Unis — In a school : Demonstration in honour of the United States — Въ одной изъ школъ, Манифестація въ честь Соединенныхъ Штатовъ. — I skolen : De forenede stater hyldes — In een school : betooging ter eere van de Vereenigde Staten — Jen folkskola : Förenta staterna hyllas — In einer Schule : Kundgebung zu Ehren der Vereinigten Staaten. — **2-3.** En route pour une colonie de vacances — Off to a Holiday Camp — По дорогѣ на лѣтнюю колонію — Paa Vej til Feriekolonien — Op

An examination at the Faculté de Médecine — Экзаменъ на Медицинскомъ Факультетѣ — Examen ved det medicinske Fakultet — Een examen in de Faculteit van Geneeskunde — Examen vid medicinska fakulteten — Eine Prüfung in der medizinischen Fakultät. — **5.** Une première communion sous les obus (juin 1918) — Confirmation under the bombardment (June 1918) — Первое Причастіе подъ бомбами (іюнь 1918 г.) — Konfirmation under Kanonilden (juni 1918) — Een eerste communie tydens de beschieting (juni 1918) —

weg naar een vacancie-kolonie — På väg till skollofskolonien — Ausreise nach einer Ferienkolonie. — **4.** Un examen à la Faculté de médecine — En konfirmation under kanonelden (juni 1918) — Eine Erstkommunion unter der Beschiessung (Juni 1918).

FUTURE « POILUS » FUTURS POILUS БУДУЩІЕ СОЛДАТЫ
VORDENE POILUER TOEKOMSTIGE POILUS BLIFVANDE POILUS » ZUKÜNFTIGE « POILUS

1. Revue des sociétés de préparation militaire aux Tuileries — Review of Cadet Companies in the Tuileries Gardens — Въ саду Тюилери производится смотръ обществамъ „приготовленія къ военной службѣ" — Militærskolers Revu i Tuilerihaven — Revue van de vereenigingen tot militaire voorbereiding in den Tuileriën tuin — Militär förberedelsekårerna mönstras i Tuileries parken — Parade der Jungmannschaften in den « Tuileries ». — 2-3. Les conscrits de la classe 1919 en route pour leurs dépôts — The Levies of the 1919 class on the way to their Depots — Рекруты призыва 1919 г. по дорогѣ въ казармы — Aarsklassen 1919 paa Vej til Kasernen — De recruten der lichting 1919 op weg naar hunne depots — 1919 års beväringar på väg till sina förläggningsorter — Die Rekruten der Jahresklasse 1919 auf dem Marsch nach ihrem Sammelplatz.

PARISGADELIV PARIS SIGHTS **SPECTACLES PARISIENS** Нѣсколько ПАРИЖСКИХЪ СЦЕНЪ
PARYSCHE TAFEREELEN PARISISKT GATULIF PARISER SCHAUBILDER

1. Un convalescent vend des bibelots fabriqués à l'hôpital — A convalescent soldier selling knick-knacks made in Hospital — Выздоравливающій раненый солдатъ продаетъ предметы собственнаго издѣлія въ госпиталѣ — En konvalescent sælger Arbejder lavet paa Hospitalet — Een convalescent verkoopt snuisteryen in het hospitaal vorvaardigd — En konvalescent säljer småsaker som förfärdigats på sjukhuset — Ein Kriegsbeschädigter verkauft Spielsachen, die im Spital gefertigt wurden. — 2. La lettre au poilu — A Letter to a Poilu — Письмо солдату — Brevet til Poiluen — De brief aan den poilu — Brefvet till « le poilu » — Der Brief an den « Poilu » — 3. Un geste gracieux — A graceful Deed — Благородный порывъ — Et elskværdigt Vink — Een bevallig gebaar — En älskvärd gest — Eine anmutige Geste — 4. Un artiste ambulant : le portrait du poilu — An open-air Artist : the Portrait of a Poilu — Странствующій артистъ : портретъ солдата — En vandrene Kunstner : Poiluens portræt — Een straatartist : het portret van den poilu — En vandrande artist : « poilus » portrӓtt — Ein Wanderkünstler : Das Bildnis des « Poilu ».

DURING THE BOMBARDMENT SOUS LES OBUS ПОДЪ БОМБАМИ
UNDER KANONILDEN   ONDER DE KANONSKOGELS   UNDER KANONIELDEN   UNTER DER BESCHIESSUNG

1. Le tombeau de Napoléon I⁺ — Napoleon's Tomb — Гробъ Наполеона I — De graftombe van Napoleon I — Napoleons Graf — Das Grab Napoléon I. — 2. Le groupe de « La Danse » de Carpeaux protégé contre les obus — Carpeaux's « Dancing » protected against the shells — Группа „Танецъ" Карпо. охраненни отъ бомбъ. — De beeldgroep « La Danse » van Carpeaux tegen de granaten beveiligd — Das Gruppenbild « La danse » von Carpeaux im Schutze gegen die Granaten. — 3. L'entrée d'un abri — The

Entrance to a shelter — Входъ въ убѣжище — Ingang van een schuilplaats — Der Eingang zu einem Unterstand. — 4. La fontaine Médicis sous sa cuirasse — The Fontaine Medicis and its Sandbags — Фонтанъ Медичи подъ „броней" — De Medicis-fontein in haar kuras — Der Medicis-Brunnen in seiner Schutzhülle. — 5. Protection des soupiraux — Sealing up the Cellar Air-holes — Охрана отдушинъ отъ газовъ. — Beveiliging van keldervensters — Der Schutz an den Kelleröffnungen. — 6. Un fragment d'obus tombé sur Paris — A Fragment of a Shell fired at Paris — Обломокъ снаряда брошеннаго на Парижъ — Een granaatfragment op Parys gevallen — Stykke af Granat faldet paa Paris — Bruchstück einer auf Paris gefallenen Granate — 7. Enterrement d'enfants victimes des obus allemands — Funeral of Children killed by German Shells — Похороны дѣтей павшихъ жертвами германскихъ бомбъ — Begrafenis van kinderen, slachtoffers der duitsche granaten — Leichenbegängnis für Kinder, die von deutschen Granaten getötet wurden.

PARIS AND THE SOLDIERS ON LEAVE FROM THE FRONT — PARIS ET LES PERMISSIONNAIRES — Солдаты въ отпуску въ Парижѣ
PARIS OG PERMISSIONÆREN — PARYS EN DE VERLOFGANGERS
PARIS OCH DE PERMITTERADE — PARIS UND DIE URLAUBER

1. L'Affiche de l'œuvre « La Permission du Poilu » — The Poster of the Foundation « La Permission du Poilu » — Афиша Общества „Отпускъ Солдата„ — Affiche van de stichting « La Permission du Poilu » — Plakat des Wohltätigkeitsvereins « Der Urlaub des Poilu ». — 2. Pour les permissionnaires. L'œuvre « Les Parrains de Reuilly » — For the men on Leave: the Foundation « L'Œuvre des Parrains de Reuilly » — Для солдатъ въ отпуску. Общество „Крестныхъ Рейи „ — Voor de verlofgangers : « L'Œuvre des Parrains de Reuilly » — Für die Urlauber. Das Wohltätigkeitswerk « Die Paten von Reuilly ». — 3. Permissionnares attendant leur train — Back to the Front at the Expiration of Leave. Waiting for the Train — Солдаты въ ожиданіи поѣзда — Verlofgangers op hun trein wachtend — Urlauber erwarten den Zug. — 4. L'arrivée des Permissionnaires (eau-forte de Steinlen) — Arrival of a Leave Train (Etching by Steinlen) — Пріѣздъ солдатъ на отпускъ (Офортъ Стейнлейна) — De aankomst der verlofgangers (Ets van Steinlen) — Die Ankunft der Urlauber (Aetzung von Steinlen).

| LEGETÖJ FRA PARIS | PARIS TOYS HET SPEELGOED VAN PARYS | **LES JOUETS DE PARIS** LEKSAKER FRÅN PARIS | ПАРИЖСКІЯ ИГРУШКИ DIE PARISER SPIELWAREN |

1. Poilus et Parisiennes — Poilus and Parisiennes — Солдаты и Парижанки — Pariserinden og Poiluen — Poilus en Parisiennes — « Poilus » och parisiskor — « Poilus » und Pariserinnen.
Poupées en étoffes exécutées dans des ouvroirs parisiens et vendues au profit d'œuvres de guerre.

WARTIME POSTERS   LA GUERRE EN AFFICHES   ВОЙНА И АФИШИ
KRIGSPLAKATER   DE OORLOG OP DE AFFICHES   KRIGS AFFISCHER   DER KRIEG IM PLAKAT

1. Affiches officielles apposées sur les murs de Paris — Official Notices posted up on the walls of Paris — Официальныя афиши на стѣнахъ Парижскихъ домовъ — Officielle Plakater paa Paris murer — Officieele affiches op de muren van Parys — Offentliga anslag på Paris'murar — Amtliche Bekanntmachungen an den Mauern von Paris.

PARIS LIFE AND THE POSTERS   LA VIE DE PARIS EN AFFICHES   ПАРИЖСКАЯ ЖИЗНЬ ВЪ АФИШАХЪ
PARISLIVET I PLAKATER   HET PARYSCHE LEVEN TE PARYS OP DE AFFICHES   PARISLIFVET I AFFISCHER   DAS LEBEN VON PARIS IM PLAKA

1. Affiches de journaux et de théâtres (1914-1918) — Press and Theatrical Posters (1914-1918). — Афиши газетъ и театровъ (1914—1918 г.г.) — Theater og Avisplakater (1914-1918) — Affiches van dagbladen en schouwburgen (1914-1918). — Tidnings- och teateraffischer (1914-1918) — Zeitungs-und Theater-Anzeigen (1914-1918).

PARIS IN WARTIME   PARIS PENDANT LA GUERRE   ПАРИЖЪ ВЪ ВОЕННОЕ ВРЕМЯ
PARIS UNDER KRIGEN   PARYS GEDURENDE DEN OORLOG   PARIS UNDER KRIGET   PARIS WÄHREND DES KRIEGES

1. Affiche de « La Journée de Paris » qui a rapporté plusieurs millions, prouvant la charité inépuisable des Parisiens envers leurs défenseurs — The Poster for the Paris Day, which brought in several Millions of francs, a testimony to the boundless Generosity of the Parisians towards their Defenders — Афиша „Парижскаго дня", доставившая доходъ въ нѣсколькихъ миллioновъ и доказавшая неисчерпаемую любовь Парижанъ къ ихъ защитникамъ — Plakat af « Paris-dagen » som gav flere Millioner som Bevisning af Parisernes gode Hjærte for deres Forsvarer — Affiche van de « Journée de Paris » die meerdere millioenen heeft opgebracht en zoo bewys gaf van de onuitputtelyke weldadigheid der Paryzenaars voor hunne verdedigers — Affisch för «Paris dagen» som inbringade flera millioner ett bevis, på Parisares offervillighet för sina försvarare — Plakat der « Journée de Paris » die mehrere Millionen einbrachte und die die — Unerschöpflichkeit des Wohltätigkeitssinnes der Pariser zu ihren Verteidigern bekundet.

168

G. de Malherbe et C⁰
Imprimeurs.

G. de Malherbe et C⁹
Imprimeurs.

www.ingramcontent.com/pod-product-compliance
Lightning Source LLC
Chambersburg PA
CBHW060600050426
42451CB00011B/2002